Elisha Goldstein &
& Lienhard Valentin

@ work

Stressbewältigung durch Achtsamkeit im beruflichen Alltag

arbor

Arbor Verlag
Freiburg im Breisgau

1. Auflage 2010

Lektorat: Richard Reschika
Titelfoto: ©2010 suze / photocase.com
Gestaltung: Anke Brodersen
Druck und Bindung: Kösel, Krugzell

Dieses Buch wurde auf 100% Altpapier gedruckt und ist alterungsbeständig.
Weitere Informationen über unser Umweltengagement finden Sie
unter www.arbor-verlag.de/umwelt.

Besuchen Sie uns im Internet!
Dort finden Sie ausführliche Leseproben aller unserer Bücher, weiterführende Informationen zu MBSR, Adressen, Kontakte, Links und unseren Buchshop:

www.arbor-verlag.de

ISBN 978-3-86781-040-1
PZN 7717190

Inhalt

Achtsamkeit @ *work*

Wir alle möchten glücklich und erfolgreich sein – bei der Arbeit und im Leben. Doch in einer sich zusehends beschleunigenden Arbeitswelt sind wir rund um die Uhr einer Atmosphäre permanenter Geschäftigkeit ausgesetzt, und eine immer größere Flut an Informationen bricht über uns herein. Fortwährend hören wir die Botschaft, dass wir die uns zur Verfügung stehende Zeit nicht effizient nutzen. So ist es kein Wunder, dass immer mehr Menschen am Ende überfordert, unkonzentriert, zerstreut, unproduktiv, krank und ausgebrannt sind.

Der übliche Ansatz des Selbstmanagements geht davon aus, dass wir umso erfolgreicher im Leben und in unserem Beruf sind, je härter und geschickter wir arbeiten. Das Problem liegt jedoch darin, dass genau jetzt zu viele Informationen, für die wir niemals genug Zeit finden können, auf uns einstürmen. Das Resultat: Viele Menschen sind schlichtweg überfordert. Wir kriegen es nicht hin, unser Augenmerk auf genau das zu lenken, was in diesem Moment am Wichtigsten ist. Das führt zu vermehrtem

Stress, Angst und Unzufriedenheit. Und genau diese Problemlagen sind es, die uns wiederum daran hindern, in unserer Arbeit und in unserem Leben effektiv zu sein.

Eine wachsende Zahl an Führungskräften erkennt derzeit Folgendes: Anstatt immer mehr Dinge noch schneller zu erledigen, müssen wir lernen, wie wir in unserer Aufmerksamkeit Schwerpunkte setzen können, um uns so den wirklich wichtigen Dingen voll und ganz zuwenden zu können. Das ist in der heutigen Welt der Schlüssel zu Effektivität und Ausgeglichenheit. Es geht also nicht darum, wie Sie Ihre Zeit managen. Das Thema ist, wie Sie ihre Aufmerksamkeit derart managen können, dass sie sich auf die wesentlichen Dinge im Leben und in der Arbeit bezieht.

Die Praxis der Achtsamkeit ist dabei ein grundlegender Ansatz, den Führungskräfte verstärkt nutzen, um ihre Fähigkeit zu steigern, den Fokus auf die wesentlichen Aufgaben zu legen und den Stress bei der Arbeit zu mindern.

Was ist Achtsamkeit? Achtsamkeit ist das bewusste Fokussieren unseres Gewahrseins auf den gegenwärtigen Augenblick, ohne an Urteilen hängen zu bleiben. Es ist ein „In-Verbindung-Sein“ mit der direkten Erfahrung dessen, was hier und jetzt ist. Nehmen Sie einfach folgendes Beispiel, um ein konkretes Bild zu bekommen, worum es hierbei geht: Wahrscheinlich können Sie sich leicht vorstellen, wie es ist, sich bei der Arbeit oder im Leben überwältigt zu fühlen – ein Zustand, in dem Ihr Geist dazu neigt, sich in leidvollen Erfahrungen der Vergangenheit oder in Sorgen um die Zukunft zu verlieren.

Hier nun eröffnet uns die Achtsamkeitspraxis den Zugang zu einer einzigartigen Stärke: Sie macht es uns möglich, unseren Geist zu zähmen – anstatt dass wir uns von ihm kontrollieren lassen.

Heute wird – zu einem Großteil dank des Engagements und der Forschung von Dr. Jon Kabat-Zinn und seiner Kolleginnen und Kollegen – die Praxis der Achtsamkeit weltweit von immer mehr Unternehmen genutzt, die sich mit Problemen wie Stress bei der Arbeit, Aufmerksamkeitsmanagement, Suchtverhalten, chronischen Schmerzen, Angst und Ruhelosigkeit, Depression und Schlaflosigkeit konfrontiert sehen.

„Welche Firmen nutzen diese Praxis denn nun tatsächlich?", mögen Sie sich fragen. Nun, es sind Unternehmen wie Apple, Yahoo, Google, Nortel, Coors Brewing und andere, die diese Praktiken sowohl ihren Führungskräften als auch ihren Angestellten nahebringen.

Achtsamkeit ist indes auch eine Lebensweise, die auf zwei Arten praktiziert werden kann: formell und informell.

In der formellen Praxis nehmen wir uns bewusst Zeit, um zu sitzen, zu stehen oder zu liegen und dabei unsere Aufmerksamkeit auf unseren Atem, die Gedanken, die Gefühle, die Körperempfindungen oder irgendein anderes Objekt der Betrachtung zu richten.

Die informelle Praxis besteht darin, Achtsamkeit in unser tägliches Leben einzuflechten. Und zwar so sehr, dass wir bei dem, was gerade geschieht, auch tatsächlich innerlich anwesend sind. Bei der Arbeit mögen zum Beispiel Ihre Gedanken zu der Frage abschweifen, wie Sie einen besseren Job finden könnten oder was Sie am Wochenende unternehmen könnten. Das lenkt Sie ab, schafft Stress und raubt Ihnen zweifelsfrei die Zeit. Wenn Sie sich während einer Gesprächsrunde oder während eines Gesprächs mit einem Mitarbeiter – anstatt wirklich zuzuhören, was der oder die andere zu sagen hat – Sorgen machen, wie viel Arbeit sich in diesem Moment gerade anhäuft, führt das dazu, dass Sie abgelenkt, angespannt und erschöpft sind.

Oder beim Essen: Bisweilen sind wir mit der Mahlzeit schon fast fertig, ohne ihren Geschmack überhaupt richtig wahrgenommen zu haben. Und dies einfach nur deshalb, weil der Geist in die Vergangenheit oder in die Zukunft abgewandert ist.

„Leben ist das, was passiert, während du eifrig damit beschäftigt bist, andere Pläne zu machen." Es liegt einige Wahrheit in diesen Songzeilen des Beatles John Lennon. Durch die informelle Praxis lernen wir, dieser geistigen Gewohnheiten gewahr zu werden, in die direkte Erfahrung einzutreten und bewusst jene Pläne auszuwählen, die wir wirklich umsetzen wollen – Augenblick für Augenblick.

Eine zunehmende Zahl von Hirnforschern verweist auf eine direkte Korrelation zwischen achtsamkeitsbasierter Meditationspraxis und dem Erleben gesteigerter geistiger Aktivität, gesteigerten Gewahrseins und Veränderungen der Hirnaktivitäten, die mit einer gesteigerten Wahrnehmung von Freude und Zuversicht korrelieren. Dr. Richie Davidson, ein Hirnforscher an der University of Wisconsin, hat mit Hilfe von Hirn-Mapping-Verfahren Untersuchungen durchgeführt, die belegen, dass diejenigen, die Achtsamkeitsmeditation praktizieren, zu mehr Aktivität in den Bereichen des Gehirns tendieren, die für Gefühle der Ruhe und des Glücks zuständig sind, und zu weniger Aktivität in jenen, die mit Gefühlen wie Grübeln, Sorgen und Ängstlichkeit in Verbindung stehen. Nach der Teilnahme an der Studie berichteten die Mitwirkenden, besserer Laune zu sein, über mehr Energie zu verfügen und weniger ängstlich zu sein.

Die Studie belegt zudem, dass die Achtsamkeitspraxis das Immunsystem stärkt. Hierfür wurde die Zahl der im Blut gebildeten Grippeantikörper nach einer Grippeschutzimpfung als Indikator herangezogen. Am Ende der achtwöchigen Studie wurden alle Teilnehmerinnen und Teilnehmer gegen Grippe geimpft. Jene, die meditiert hatten, bildeten deutlich mehr Antikörper als die Kontrollgruppe, die keine Achtsamkeit praktiziert hatte. Dies legt den Schluss nahe, dass Meditation die Immunabwehr stärken kann, uns körperlich gesünder werden lässt und uns im täglichen Leben widerstandsfähiger macht. All dies sind Vorteile der Achtsamkeitspraxis, die uns am Ende erlauben, den täglichen Herausforderungen im Berufsleben zuversichtlicher, geschickter und kreativer zu begegnen.

Und was ist nun der Sinn der beigefügten CD? Ganz einfach: Die hier angebotenen Übungen befähigen Sie – regelmäßig angewendet –, in jedem Moment zu erkennen, worum es geht, und sich auf das Wesentliche zu fokussieren. In den geführten Übungen präsentieren wir Ihnen die Grundzüge unseres Ansatzes und laden Sie dazu ein, die von uns entwickelten Werkzeuge zu nutzen. So können Sie lernen, Ihren Stresslevel zu reduzieren und erfolgreicher durch den Alltag zu gehen.

Wenn Sie sich auf die Lektionen und Übungen dieser CD einlassen, schult das Ihre bewusste Wahrnehmung für die Ineffizienz vieler Gewohnheitsmuster, auf die sich alle von uns immer wieder unwissentlich einlassen. Sie gewinnen das Gefühl von Ausgeglichenheit und Wahlfreiheit im gegenwärtigen Moment zurück sowie die Fähigkeit, den Kreislauf von Ablenkung und verschwendeter Zeit zu durchbrechen, der allzu oft zu Überforderung und Stress führt. Achtsamkeit in Ihren Alltag zu bringen eröffnet auch einen Raum dafür, besser zuzuhören, auftretende Schwierigkeiten früher zu erkennen und diese zu lösen. Sie werden mehr Zuversicht und Energie haben, glücklicher und erfolgreicher bei der Arbeit sein, sich gleichzeitig ausgeglichener fühlen und zielgerichtet handeln. Schließlich wird Sie die Praxis dazu befähigen, die Arbeit, die sie tun wollen, auch wirklich zu tun und das Leben, das Sie leben wollen, auch wirklich zu leben.

Der Stresszyklus

In meiner Zeit als Psychologe habe ich mit vielen Menschen gearbeitet, die Probleme mit ihrer Überbeanspruchung bei der Arbeit oder grundsätzlich mit Stress hatten. Zwar ist jedes Problem einzigartig und ganz persönlich, doch die meisten von uns sind sich einfach nicht jener weit verbreiteten Muster bewusst, die uns in einen Stresszyklus führen, aus dem wir scheinbar nicht ausbrechen können. Fortwährend haben wir das Gefühl, überfordert und festgefahren zu sein.

Es ist wichtig, Ihnen einen kurzen Überblick darüber zu geben, wie der Stresszyklus funktioniert, damit Sie ihn, wenn er aktiv ist, identifizieren können.

Wenn Sie Stress empfinden, setzt ein sich selbst verstärkender Kreislauf zwischen Ihren Gedanken und Gefühlen, Ihrem Körper und Ihrem Verhalten ein. Wenn Sie beispielsweise einen Termin einzuhalten haben, tauchen für gewöhnlich sorgenvolle Gedanken auf, begleitet von Emotionen wie Furcht oder Angst und körperlichen

Empfindungen wie Anspannung, einem beschleunigten Atem und einer erhöhten Herzfrequenz im Körper, gefolgt von einem hektischen Verhalten.

Oder nehmen wir ein anderes Beispiel: In Ihrer Arbeit bleibt die erhoffte Beförderung aus. Ihr Geist schweift möglicherweise zu Gedanken des Versagens in der Vergangenheit, zu Gedanken einer möglichen Entlassung oder zur Selbstverurteilung, etwa: „Ich bin ein Idiot, ohne Perspektive, ich bin nichts wert". Diesem Zyklus folgen dann Emotionen wie Angst, Ärger oder Niedergeschlagenheit, verbunden mit körperlichen Empfindungen wie Müdigkeit, begleitet von Gefühlen der Überforderung und einem Mangel an Motivation oder Interesse, irgendetwas zu tun. Wenn wir ängstlich oder depressiv sind, ist es einfacher, von dem abgelenkt zu werden, was genau jetzt am wichtigsten ist, und das führt zu Ineffizienz bei der Arbeit und im Leben.

Dr. Gary Schwartz, Psychologe und Stressforscher, beschreibt dies noch eindringlicher. Seiner Ansicht nach führt mangelndes Bewusstsein zu Trennung, und dadurch entsteht ein Ungleichgewicht. Mit anderen Worten: Wenn Sie sich Ihres Stresszyklus' nicht bewusst sind, sind Sie getrennt von Ihren Gedanken, Emotionen und Körperempfindungen, und dies führt zu einem Ungleichgewicht zwischen Geist und Körper.

Auf der anderen Seite entsteht automatisch eine Verbindung zwischen Ihren Gedanken, Emotionen und Körperempfindungen, wenn Sie sich dieses Zyklus' stärker bewusst sind. Dies führt dann zu mehr Gleichgewicht und versetzt Sie in die Lage, kompetent zu handeln, um bei Ihrer Arbeit und in Ihrem Leben effektiv zu sein.

Mit diesem Bewusstsein ist es leichter für Sie zu erkennen, wann – aufgrund Ihrer Sorge angesichts eines Termins – Ihr Körper angespannt oder Ihre Atmung flach ist, und Sie bemerken, wie dieser Stresszyklus abläuft. Wenn Sie dies verstehen, beginnen Sie, Ihre Muskeln zu entspannen und achtsam zu atmen, was Ihren Blutfluss reguliert und das Gleichgewicht zwischen Geist und Körper wiederherstellt, so dass Sie sich auf das fokussieren können, was genau jetzt am wichtigsten ist.

Je intensiver Sie sich mit der Achtsamkeitspraxis beschäftigen, umso mehr werden Sie Ihr Bewusstsein steigern und in der Lage sein, sich dafür zu entscheiden, positive Veränderungen anzugehen und stressvolle Situationen zu verringern. Sie können aktiv daran teilnehmen, Ihre unschätzbare Quelle der Aufmerksamkeit zu kultivieren, Ihre Gesundheit und Ihr Wohlergehen zu managen und das Potential zu entwickeln, sich in jedem Augenblick mit einem größeren inneren Gleichgewicht und einer stärkeren Fokussierung einzubringen, wie herausfordernd die Situation auch immer sein mag.

Das Modell der Aufmerksamkeitsbereiche

Die weit verbreitete Strategie, mit vielen Dingen möglichst gleichzeitig zu jonglieren – in der Hoffnung, mehr Dinge schneller erledigen zu können –, führt zu Ineffizienz und erhöhtem Stress. Die Amerikanische Psychologenvereinigung veröffentlichte einen Bericht, der besagt, dass die Unfähigkeit, sich für nur zehn Sekunden auf jeweils nur eine Sache zu fokussieren, Sie 20 – 40 % Ihrer Effektivität und Produktivität kostet. Wenn man sich auf viele Dinge gleichzeitig fokussiert, dann ist es schwierig, effektiv zu sein oder die wichtigsten Dinge effizient und gut zu erledigen. Während des Tages fühlen Sie vielleicht, wie Ihr Körper am Schreibtisch sitzt, ihre Gedanken jedoch ganz woanders sind.

Die meisten von uns sind selten ganz bei dem, was sie bei der Arbeit oder im Leben gerade tun. Vielmehr denken viele öfter an das, was Sie als Nächstes zu erledigen haben, und versuchen dann fortwährend, mit allem auf dem Laufenden zu sein.

Im Endeffekt ist der Ansatz des konventionellen Zeitmanagements überholt. In der neuen Geschäftswelt benötigen wir einen progressiven Ansatz des Aufmerksamkeitsmanagements oder die Fähigkeit, uns effektiv auf das zu fokussieren, was jetzt gerade am wichtigsten ist. Wenn Sie nicht in der Lage sind, sich auf das zu konzentrieren, was bei der Arbeit am wichtigsten ist, dann sind Sie im Allgemeinen weniger effektiv. Und da sich die Arbeit stetig anhäuft, fühlen Sie sich immer mehr überfordert und gestresst. Dies kann im Beruf, in Ihren Beziehungen und generell mit Hinblick auf Ihre Lebensfreude zu Problemen führen.

Die vier Bereiche

Rand Stagen von der Stagens Führungskräfte-Akademie entwickelte das Modell der Aufmerksamkeitsbereiche, mit Hilfe dessen man vier unterschiedliche Bereiche identifizieren kann, in denen sich Ihre Aufmerksamkeit zu irgendeiner Zeit gerade befindet. Durch das Verständnis dieses Modells können Sie ohne Wertung erkennen, wann Sie Ihre Aufmerksamkeit auf unwichtige Aufgaben richten. Dies kann Ihnen dabei helfen, Ihre Aufmerksamkeit wieder auf das auszurichten, was genau jetzt am wichtigsten ist. Je klarer Ihnen ist, was Sie am ehesten zu erledigen haben, und je mehr Sie in der Lage sind, Ihre Aufmerksamkeit darauf zu fokussieren, desto weniger werden Sie sich ablenken lassen. Somit schaffen Sie mehr Zeit für sich selbst, reduzieren Ihr Maß an Stress und Überbeanspruchung und werden effizienter und glücklicher bei der Arbeit.

Stagen sagt, dass man zu jedem Zeitpunkt des Tages entweder in einem reaktiven, proaktiven, abgelenkten oder nutzlosen Bereich ist.

- **Im reaktiven Bereich** reagieren wir oft auf die auf uns zukommenden Dinge, wie beispielsweise dringende Anfragen oder Krisen. In diesem Bereich sind die Dinge wichtig und dringend.

- **Im proaktiven Bereich** verbringen wir absichtlich Zeit damit, Strategien zu entwickeln, Vorbereitungen zu treffen und zu planen. In diesem Bereich sind die Dinge wichtig, aber nicht dringend. Auch wenn Pläne und Strategien entscheidend für Ihren Erfolg sind, ist es einfach, sie außen vorzuhalten und zu denken, dass man dafür gerade keine Zeit hat, da sie nicht dringend sind.

Die beiden folgenden Bereiche sind indes nicht wichtig, rauben Ihnen Ihre Zeit und bringen Sie dazu, weniger effizient zu arbeiten.

- **Im abgelenkten Bereich** beschäftigen Sie sich nämlich mit unnötigen Unterbrechungen wie unwichtigen Telefonanrufen und E-Mails. In diesem Bereich erscheinen die Dinge dringend, denn Sie haben sie direkt vor sich, doch sie sind nicht wichtig. Da sie dringend erscheinen, lassen Sie sich ganz leicht von ihnen ablenken.

- **Im nutzlosen Bereich** machen Sie wiederum triviale Dinge, mit denen Sie einfach nur die Zeit totschlagen, wie beispielsweise zur Unterhaltung im Internet zu surfen. Sofern Sie nicht ganz bewusst in diesem Bereich Zeit verbringen, um sich zu entspannen und zu erfrischen, ist dies ein Bereich, der weder dringend noch wichtig ist. Hier handelt es sich also um reine Zeitverschwendung.

Wenn Sie einmal freundlich unter die Lupe nehmen, worauf Sie Ihre Aufmerksamkeit lenken, wird Ihnen sicher schnell klar, wie einfach es ist, in den abgelenkten oder nutzlosen Bereich hineingezogen zu werden. Ihre Zeit ist ausgefüllt und Sie entfernen sich immer weiter von Ihren Zielen. Die Kultivierung eines achtsamen Gewahrseins erlaubt es Ihnen, ohne Wertung das zu benennen, was gerade jetzt vor sich geht, und Ihre Aufmerksamkeit auf Ihre augenblicklichen Top-Prioritäten zu richten.

Nicht zu werten ist hier sehr wichtig. Würden Sie sich nämlich darauf konzentrieren, sich dafür zu beschimpfen, in einem abgelenkten oder nutzlosen Bereich zu sein, würde auch dies nur Ihre Zeit in Anspruch nehmen.

Begegnen Sie stattdessen dem Ganzen neugierig. Akzeptieren Sie, in welche Bereiche Sie abgedriftet sind, und richten Sie dann ganz sanft Ihre Aufmerksamkeit auf das, was genau jetzt am wichtigsten ist. Dies versetzt Sie in die Lage, geschickter zu handeln, mehr Zeit für wichtige Aufgaben aufzubringen, effizienter zu arbeiten und sich erfolgreicher und glücklicher im Alltag zu fühlen.

Hier nun eine wahre Geschichte, die schildert, wie so etwas abläuft.

John war ein Mitarbeiter in der Personalabteilung eines großen Unternehmens. Er war davon überzeugt, dass er in dem Betrieb zu denen gehörte, die am schwersten arbeiteten. Nun war er schon seit 18 Monaten dort beschäftigt und hatte immer noch keine Gehaltserhöhung bekommen.

Seit einiger Zeit begannen die Gedanken in seinem Kopf zu kreisen: „Ich kann nicht glauben, dass ich von meinen Vorgesetzten noch keine Gehaltserhöhung bekommen habe, sie müssen doch wissen, dass ich sie verdiene."

Tag für Tag arbeitete er weiterhin hart und erledigte viele Dinge gleichzeitig, während sich ungute Gedanken und Gefühle von Groll, Frustration und Verbitterung in ihm aufzubauen begannen. Er bekam Magenschmerzen und ließ sich immer mehr von seinen Prioritäten ablenken. Während seine Gedanken sich verstärkt auf das konzentrierten, was an seiner Situation falsch und unfair war, fokussierte er sich natürlich weniger auf seine Arbeit und ließ sich viel leichter von ihr ablenken, indem er seine E-Mails abrief und im Internet surfte. Wenn sich jemand mit einer dringenden Bitte an ihn wandte, stürzte er sich mit Feuereifer darauf, um eine Entschuldigung dafür zu haben, sich nicht um seine mengenmäßig zunehmenden Projekte kümmern zu können. Da die Qualität seiner Arbeit nachließ, nahmen seine Gedanken an mögliche Katastrophen lawinenartig zu. So fürchtete er, dass er entlassen werden könnte. Er hatte Angst vor der Schwierigkeit, einen neuen Job zu finden, und davor, seinen Lebensunterhalt nicht mehr bestreiten zu können.

Wie befürchtet, wurde er eines Tages von Kelly, seiner Chefin, zu sich gerufen. Nachdem sie miteinander untersucht hatten, was geschehen war, erzählte Kelly ihm, dass sie in einer ähnlichen Situation gewesen sei, und erklärte ihm, wie sie einen Ausweg daraus gefunden habe. Kelly erzählte John von der Kultivierung der Achtsamkeit im Hinblick auf die vier Bereiche, die für ihn hilfreich sein könnte, um effizienter zu arbeiten und erfolgreicher und glücklicher im Beruf zu sein.

John ging zurück an die Arbeit und nahm sich während der Woche immer wieder Zeit, um ganz bewusst im proaktiven Bereich zu verweilen. Er wollte Pläne und Strategien entwickeln, wie er seine Ziele erreichen könnte. Er betrachtete ganz bewusst seine vergangenen Verhaltensmuster und war in der Lage zu erkennen, wie sein Geist in der Vergangenheit bei aufkommenden Hindernissen auf Autopilot umschaltete und er darüber nachdachte, wie die Dinge sein sollten oder wie unfair alles sei. Er begann zu verstehen, wie ihn dies von den – zu dem jeweiligen Zeitpunkt – wichtigsten Projekten fernhielt. Er fing an, sich mit der Achtsamkeitspraxis zu beschäftigen, um den Raum wertungsfreien Gewahrseins zu erweitern. Manchmal entdeckte er, wie er sich im abgelenkten oder nutzlosen Bereich befand – wenn er ohne Unterlass

E-Mails abrief, unwichtige Rückrufe tätigte oder im Internet surfte. Wenn er sich dessen bewusst wurde, sagte er zu sich selbst: „Ich befinde mich gerade in einem abgelenkten oder nutzlosen Bereich", verurteilte sich jedoch nicht dafür, sondern brachte ganz sanft seine Aufmerksamkeit wieder zurück zu der in dem Augenblick wichtigsten Angelegenheit.
Wenn wirklich dringende Dinge anstanden, unternahm er alle nötigen Schritte, um das Feuer zu löschen, doch er war sich dessen bewusst, dass er sich im reaktiven Bereich befand. Als es ihm immer besser gelang, ein wertungsfreies Gewahrsein in die Bereiche zu bringen, in denen er sich aufhielt, und er jedes Mal seine Aufmerksamkeit wieder zurück zu dem in dem Augenblick wichtigsten Projekt brachte, stellte er fest, wie der ihn überfordernde Stapel an Projekten schrumpfte und die Menschen um ihn herum bemerkten, wie fokussiert er wirkte. Er begann, sich in seiner Haut wohler zu fühlen, energetisierter, entspannter und glücklicher bei der Arbeit. Auch seine Vorgesetzten bemerkten dies und mit der Zeit erhielt er die Gehaltserhöhung, die er verdiente.

Uns den vier genannten Bereichen in Achtsamkeit zu nähern erlaubt uns zugleich, ihnen voller Neugier zu begegnen. Wenn Sie sich selbst dabei ertappen, wie Sie sich vom ständigen Abrufen der E-Mails ablenken lassen, dann versuchen Sie, sich dafür nicht zu verurteilen. Seien Sie sich dessen bewusst, dass dies Teil der Übung ist. Sie beginnen dergestalt mit der Art und Weise in Berührung zu kommen, wie Ihr Geist arbeitet. Bringen Sie dann ganz sanft Ihre Aufmerksamkeit zu dem zurück, was gerade am wichtigsten ist. Dadurch können Sie Ihre Verweildauer in den abgelenkten und nutzlosen Bereichen verkürzen und gewinnen so Zeit, um proaktiv zu sein und an wichtigen Projekten zu arbeiten. Schließlich eignen Sie sich damit die Fähigkeit an, jene Arbeit zu tun, die am wichtigsten für Sie ist, und das Leben zu leben, das Sie leben möchten.

Geistige Stolperfallen

Zum einen können Sie sich der jeweiligen Aufmerksamkeitsbereiche bewusst werden, in denen Sie sich gerade befinden. Zum anderen können Sie sich aber auch der gewohnheitsmäßigen Muster Ihres Verstandes bewusst werden. Oftmals bleiben wir nämlich in ihnen gefangen und auch sie lassen uns weniger effizient sein und mehren unseren Stress.

Anhand des Fallbeispiels von John kann man leicht ersehen, dass es Zeiten gab, in denen er sich eine Gehaltserhöhung wünschte, und dann wieder Zeiten, in denen er sich all die Katastrophen ausmalte, die eintreten könnten. Wie aber geraten wir in derlei Gedankenfallen? Ich will Ihnen eine Reihe von gedanklichen Fallen vorstellen, die Sie aus dem Gleichgewicht bringen können und Sie in einen abgelenkten und nutzlosen Bereich gelangen lassen.

Beginnen wir mit dem Ausmalen von Katastrophen: Das Ausmalen von Katastrophen ist eine gedankliche Falle, die die Angst nur noch verstärkt. Durch diese Denkweise erwartet man das Unheil. Vielleicht betrachten Sie eine vor Ihnen liegende Situation oder Herausforderung und beginnen dann automatisch, sich das Schlimmste vorzustellen. Der Geist hört mit diesem Was-wäre-wenn-Spiel einfach nicht mehr auf. Und genau so machen Sie sich immer weiter darüber Gedanken, was wäre, wenn der schlimmste Fall eintreten würde. In Johns Fall begann sein Geist, sich die Katastrophe eines Jobverlustes und der damit verbundenen Unfähigkeit, seinen Lebensunterhalt zu bestreiten, auszumalen. Dies führte zu unnötigem Stress und lenkte ihn von dem ab, was gerade am wichtigsten war.

Ein weiterer Punkt, vor dem man auf der Hut sein sollte, ist das Übertreiben negativer Details und das Abwerten positiver Aspekte. Diese gedanklichen Fallen arbeiten Hand in Hand und tragen zu Ablenkung und depressiver Stimmung bei. Dann weisen Sie alle positiven Erfahrungen von der Hand und bestehen darauf, dass sie nicht zählen, und verstärken die negativen Einzelheiten. Man tut dies oft, wenn man von etwas Positivem erzählt, dann das Wort „aber" sagt, gefolgt von etwas Negativem. Ein Beispiel: „Gut, dass mein Chef meine Präsentation gemocht hat, aber nicht jeder hat am Ende applaudiert." Durch das Wörtchen „aber" schmälern wir den positiven Aspekt, dass der Chef die Präsentation mochte, und geben dem Negativen mehr Macht. Es wäre angebrachter, das „aber" durch ein „und" zu ersetzen. Dadurch erhält beides das gleiche Gewicht.

Gedankenlesen ist eine weitere geistige Falle, die zu vermehrtem Stress und gesteigerter Angst führen kann. Hier geht es um das vermeintliche Wissen dessen, was andere Menschen denken und fühlen und warum sie so handeln, wie sie handeln, beziehungsweise um „Überzeugungen“, ohne dafür konkrete Anhaltspunkte zu besitzen. John beispielsweise hätte denken können, dass seine Chefin ihn nicht mochte und dass dies der Grund dafür sei, keine Gehaltserhöhung zu bekommen. Durch diese unbegründeten und möglicherweise falschen Interpretationen neigen Sie dazu, unnötigerweise ängstlich, aufgewühlt oder depressiv zu sein. Das macht es dann noch schwieriger, sich zu fokussieren, und erneut geraten Sie rasch in den abgelenkten oder nutzlosen Bereich.

Das Wort „sollte“ ist eine verbreitete Falle und kann zu Stress in Zusammenhang mit Emotionen wie Ärger und Schuld führen. Hierbei geht es um eine Liste unumstößlicher Regeln. Wenn jemand sie bricht, entsteht Ärger. Wenn Sie selbst sie brechen, entsteht Schuld. Sie können an Johns Fall sehen, wie sehr er sich festgefahren hatte in einem Muster aus Frustration und Feindseligkeit, das zu Magenproblemen und ineffizienter Arbeit führte.

Schuldzuweisungen sind eine andere gedankliche Falle, die Ihnen die Macht entziehen kann, die Dinge zum Besseren zu wenden. Bei dieser Verhaltensweise macht man entweder andere für die eigenen Unzulänglichkeiten verantwortlich oder gibt sich an den Problemen anderer die Schuld. Doch wie auch immer, durch Schuldzuweisungen entfernen Sie sich davon, das zu wissen und zu tun, was genau jetzt am wichtigsten ist.

Wenn diese gedanklichen Fallen unerkannt bleiben, können sie eine unerschöpfliche Quelle für Stress, Zerstreuung und Ineffizienz am Arbeitsplatz und zu Hause sein. Sich einfach nur der gedanklichen Fallen bewusst zu sein, ohne Wertung, ermöglicht es Ihnen aber, daraus auszusteigen und eine größere Einsicht in die inneren Abläufe Ihres Geistes zu gewinnen.

So können Sie sich wieder auf das fokussieren, was genau jetzt am wichtigsten ist. Anders gesagt, mit Hilfe dieser Übung können Sie beginnen, Ihren Geist zu kontrollieren, anstatt sich vom Geist kontrollieren zu lassen.

Wenn Menschen psychische Probleme haben, dann kann es auch physiologische Gründe für dieses Ungleichgewicht geben, und es ist wichtig, dies mit Hilfe eines Arztes zu überprüfen. Manchmal kann die Ursache eine hyperaktive Schilddrüse sein, die Gefühle von Angst vortäuscht. Oder vielleicht eine Schilddrüsenunterfunktion, die Gefühle von Müdigkeit und Verstimmung verursacht. Wenn Sie unter körperlichen oder ernsten psychologischen Problemen leiden, empfehle ich Ihnen, sich ärztliche Hilfe zu suchen.

Zu den geführten Meditationen auf der CD

Achtsamkeitspraxis befähigt Sie, ihre Aufmerksamkeit gezielter zu steuern, Stress zu reduzieren und ganz einfach erfolgreicher zu arbeiten. Anwenden lässt sich die Praxis auf vier unterschiedliche Arten. Hierbei unterscheiden wir zwischen dem informellen Weg, dem formellen Weg, der Integration der Achtsamkeit in das tägliche Leben und der Wahrnehmung des umherschweifenden Geistes.

In den Übungen auf der beigefügten CD werden Sie neben einigen etwas längeren, drei kurze informelle Meditationen kennen lernen, die Sie jederzeit tagsüber einsetzen können und die Ihnen dabei helfen, sich im gegenwärtigen Augenblick zu verankern, das Nervensystem zu beruhigen, sich bewusst zu werden, wo sich Ihr Geist gerade befindet und in welchem Bereich Sie sich gerade aufhalten. Tatsächlich haben Sie nur im gegenwärtigen Augenblick die Möglichkeit, sich der blockierenden Muster bewusst zu werden und sich zu entscheiden, diese zu verändern.

Die Atempause

Die erste informelle Praxis ist die Atempause. Die Atmung bildet die Basis für alle folgenden Übungen. Der Grund hierfür ist, dass es wichtig ist, sich selbst in etwas zu verankern, das Sie immer bei sich haben, wenn Sie versuchen, Ihre Aufmerksamkeit zu managen, um präsenter bei Ihrer Arbeit zu sein, denn wo auch immer Sie sind, Ihre Atmung ist auch dort.

Wir atmen auf natürliche Weise durch die normale Zwerchfellatmung. Wenn Sie sehr gestresst und ängstlich sind und das Gefühl haben, Sie können nur bis in Ihre Brust hinein atmen, dann versuchen Sie, sich auf Ihr Bett zu legen, und atmen Sie ganz normal und natürlich. Sie werden feststellen, dass Sie immer öfter aus Ihrem Bauch heraus atmen. Dabei bemerken Sie einfach, dass sich Ihr Bauch mit jedem Atemzug ausdehnt und wieder zusammenzieht.

STOP

Die zweite informelle Praxis heißt STOP. Das Wort STOP ist ein Akronym:

S „Stop" – Stopp.
T „Take a breath" – Nehmen Sie einen Atemzug.
O „Observe" – Beobachten Sie Körper, Emotionen, Gedanken und den Bereich, in dem Sie sich gerade befinden.
P „Proceed" – Weitermachen.

Und so beginnen Sie die STOP-Praxis: Hören Sie zunächst mit dem auf, was Sie gerade tun, und bringen Sie Ihre Aufmerksamkeit zu Ihrem Atem, wie Sie das bei der Atemübung tun. Nun können Sie beobachten, was vor sich geht.

Wie fühlen Sie sich körperlich? Fühlt sich Ihr Körper angenehm an, gibt es irgendwo Verspannungen? Beobachten und erkennen Sie dann auch alle möglichen Emotionen. Sind Sie besorgt, ängstlich, fühlen Sie sich ruhig, frustriert, glücklich?

Überprüfen Sie dann Ihre Gedanken. Ist Ihr Geist ruhig oder befindet er sich in einer gedanklichen Falle, malt er sich zum Beispiel Katastrophen aus oder macht er Schuldzuweisungen?

Beobachten Sie dann, in welchem Bereich Sie sich befinden und in welchem Bereich Sie am besten genau jetzt sein sollten.

Gehen Sie nach ungefähr einer Minute wieder zu den Tätigkeiten über, die in Ihrem Tagesablauf anstehen. Tun Sie genau das, was jetzt am wichtigsten ist.

Also STOP! Verankern Sie Ihre Aufmerksamkeit in diesem Atemzug, genau jetzt. Machen Sie eine Bestandsaufnahme Ihres Körpers, Ihrer Emotionen, Wahrnehmungen und Bereiche, und machen Sie dann mit dem weiter, was genau jetzt am wichtigsten ist.

GSA

Die dritte informelle Praxis heißt GSA. Die drei Buchstaben dieses Akronyms stehen für:

G Gewahrsein
S Sammeln
A Ausdehnen

Der Sinn des *Gewahrseins* liegt darin, Sie bewusst aus Ihrem Autopilot-Modus herauszuholen – ganz einfach, indem Sie sich eine Minute lang Ihrer jetzigen Erfahrung von Körper, Gedanken und Emotionen gewahr werden.

Beim *Sammeln* geht es darum, den Geist zu beruhigen, indem Sie sich im wahrsten Sinne des Wortes „sammeln" und ihre Konzentration und Aufmerksamkeit in den Atem legen. Im Zuge der Atempause werden Sie einige Gelegenheit haben, dies zu praktizieren.

Die Aufgabe des *Ausdehnens* ist es, sich hier und jetzt mit dem eigenen Seinszustand zu verbinden und diese Erfahrung zu vertiefen, indem Sie Ihr Gewahrsein in den ganzen Körper hinein ausdehnen – die eigenen Sinneseindrücke wahrnehmend, wie sie kommen und gehen.

Während STOP eine einminütige Praxis sein kann, sollte GSA mindestens drei Minuten lang durchgeführt werden. Verweilen Sie bei jedem der Buchstaben für mindestens eine Minute. Mit Hilfe dieser Übungen lernen wir, aus dem Autopiloten auszusteigen und uns wieder mit dem gegenwärtigen Augenblick zu verbinden. Dadurch wird es einfacher, Abstand zu unserem geschäftigen Geist zu bekommen, sich wohler zu fühlen und effizienter bei der Arbeit und zu Hause zu sein.

Ich schlage vor, dass Sie nun den geführten Übungen auf der CD folgen. Und wenn Sie sich dann eines Tages dafür bereit fühlen, können sie dazu übergehen, diese Übungen auch ohne Anleitung durchzuführen. Und übrigens: Es hat sich bewährt, diese Übungen zum Beispiel in Ihren elektronischen Kalender einzutragen. So können Sie sich mehrere Male am Tag daran erinnern lassen, die Übungen direkt in diesem Augenblick durchzuführen.

... Ihr Gewahrsein in den **ganzen Körper** hinein ausdehnen

Der Bodyscan

Nach diesen informellen Übungen geht es nun um eine wichtige formelle Praxis, für die Sie sich etwas Zeit nehmen sollten. Es ist der Bodyscan.

Wenn Sie sich Stück für Stück auf den Körper fokussieren, werden Sie erkennen, dass es da mehr gibt als nur ihren geschäftigen Geist. Sie beginnen zu verstehen, dass Sie Ihren Körper wie ein präzises Messinstrument nutzen können, gleich einem Barometer, das Ihnen mitteilt, wann Sie körperlich oder emotional aus dem Gleichgewicht zu geraten beginnen. Wenn Sie zum Beispiel gestresst oder ängstlich sind, fühlen Sie vielleicht eine Anspannung in Ihrer Brust, einen Kloß im Magen oder Verspannungen in den Schultern.

Solange diese Gefühle unbewusst ablaufen und Sie von ihnen getrennt sind, geht Ihr Geist automatisch in den Handlungs-Modus und versucht, dieses Unbehagen zu beseitigen. Er tut dies, indem er wertet, sich Sorgen macht, Katastrophen ausmalt, Schuld zuweist, was auch immer. Diese gedanklichen Fallen erzeugen Emotionen wie Angst, Sorgen oder Schuld und führen zu weiteren Verspannungen in Ihrem Körper.

Auch wenn der Geist meint, sich in Richtung der Lösung des Problems zu bewegen, gießt er tatsächlich doch nur Öl ins Feuer, entfernt Sie dadurch noch weiter von der Lösung und manövriert Sie in einen abgelenkten oder nutzlosen Bereich, wodurch Sie weniger effektiv arbeiten.

Wenn Sie ein wertungsfreies Gewahrsein dieser Körperempfindungen entwickeln, werden sie Ihnen mit der Zeit früher bewusst. Das erlaubt Ihnen, sich den aufkommenden Empfindungen voller Neugier und offenen Herzens anzunähern, anstatt – wie gewohnt – mit Vermeidung und Flucht zu reagieren. Aufkommendes Unbehagen kann sich schneller auflösen, ein Gefühl von Ruhe und Frieden vermag an seiner Stelle Raum zu greifen. Das Ergebnis: Sie sind ausgeglichener und kommen den Ihnen gestellten Aufgaben weitaus effizienter nach. Und dies ganz einfach deshalb, weil Sie sich die Fähigkeit angeeignet haben, sich früher auf das zu fokussieren, was genau jetzt am wichtigsten ist.

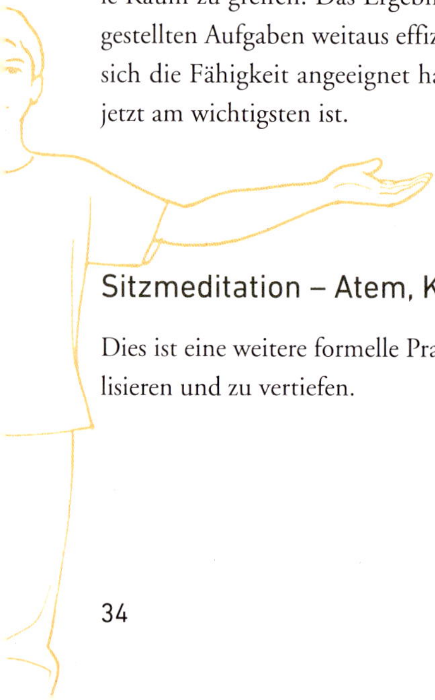

Sitzmeditation – Atem, Körper, Hören

Dies ist eine weitere formelle Praxis, die Ihnen helfen kann, Ihr Gewahrsein zu stabilisieren und zu vertiefen.

Integration in das tägliche Leben

Die dritte Möglichkeit, die hilfreichen Aspekte der Achtsamkeitspraxis zu nutzen, liegt darin, dass Sie Achtsamkeit direkt in die Tätigkeiten und Erfahrungen einbinden, denen Sie im Laufe eines Tages begegnen. Dies kann beim Aufwachen am Morgen sein, wie auch in dem Moment, in dem Sie abends wieder nach Hause kommen. Einige Anregungen für die Integration der Praxis in den Alltag finden Sie am Ende dieses Buches.

Sich des umherschweifenden Geistes bewusst werden

Schließlich werden Sie sich beim Üben Ihres umherschweifenden Geistes bewusst. Ob Sie versuchen, sich auf den Atem zu fokussieren oder auf den Körper, eines steht fraglos fest: Der Geist wird umherschweifen. Vielleicht schon nach einer Sekunde, nach drei Sekunden oder erst nach einer halben Minute. Bitte seien Sie sich dessen bewusst, dass dies geschieht und dass es vollkommen natürlich und in Ordnung ist.

Es geht allein darum, zu erkennen, wann der Geist umherschweift, und wahrzunehmen, wohin er gewandert ist. Er mag in die Vergangenheit oder in die Zukunft reisen, oder vielleicht zu einer gedanklichen Falle. Möglicherweise malt er sich gerade Katastrophen aus, macht sich Gedanken über Dinge, die Sie tun sollten, oder versucht herauszufinden, welchen Sinn es macht, jetzt diese Achtsamkeitsübung auszuführen…

Doch es gibt einen großen Spielraum: In dem Moment, in dem Sie sich dessen bewusst sind, dass ihr Geist umhergeschweift ist, sind Sie bereits präsent und können nun wählen, was Sie tun möchten.

Wann schweift mein Geist umher?
…und **wohin** ist er gewandert?"

Achtsamkeit im Laufe des Tages

Abschließend noch einige Vorschläge und Beispiele, wie man die Praxis der Achtsamkeit in den Alltag integrieren kann.

- Wenn Sie am Morgen die Augen öffnen, springen Sie nicht gleich aus dem Bett, sondern versuchen Sie, sich Zeit zu nehmen für eine Atempause, eine STOP-Praxis oder eine GSA-Praxis. So können Sie den Tag ganz anders beginnen lassen, dem Augenblick gegenüber gewahrsamer sein. Das ist der Grund und Boden, der Ihnen ermöglicht, in den herausfordernden Augenblicken des Tages ruhiger und beständiger zu sein.

- Wenn Sie sich duschen, nehmen Sie wahr, ob Ihr Geist bereits bei der Arbeit ist und denkt, plant und all die Dinge probt, die an diesem Tag geschehen könnten. Wenn Ihnen das bewusst wird, bringen Sie ganz sanft Ihren Geist zurück zu der Frage: Was ist genau jetzt meine Absicht? Was ist am wichtigsten? Die Antwort lautet, sich zu duschen oder aufzuwachen. Bringen Sie also Ihre Aufmerksamkeit zurück zu

Ihren Sinnen, riechen Sie die Seife, fühlen Sie das Wasser auf Ihrem Körper, lauschen Sie dem Geräusch des Wassers. Werden Sie präsenter.

* Wenn Sie Familie oder einen Partner haben, nehmen Sie sich vor, Ihren nächsten Angehörigen zumindest an einem Morgen voller Achtsamkeit zuzuhören und sich mit ihnen zu verbinden, bevor Sie das Haus verlassen.

* Wenn Sie das Haus verlassen, gehen Sie etwas langsamer zu Ihrem Auto, spüren Sie in Ihren Körper hinein und nehmen Sie wahr, ob es dort irgendeine Anspannung gibt. Versuchen Sie, die Anspannung loszulassen. Versuchen Sie, ein wenig langsamer zu fahren, und lassen Sie sich von den roten Ampeln daran erinnern, Ihre Aufmerksamkeit wieder zurück zum Atem zu bringen.

* Wenn Sie das Büro betreten, gehen Sie heute einmal anders. Atmen Sie nach jedem dritten Schritt ein und nach jedem dritten Schritt wieder aus. Nehmen Sie wahr, dass Sie gehen.

* Wenn Sie an einem Schreibtisch sitzen, machen Sie die Atem-, STOP- oder die GSA-Praxis, bevor Sie am Computer Ihre E-Mails abfragen oder sich einer neuen Aufgabe widmen. Nehmen Sie sich bei Ihrer Arbeit etwas Zeit, um sich auf eine Gruppe

ähnlicher Aufgaben zu fokussieren. Nehmen Sie sich zum Beispiel einfach Zeit zu planen und lassen Sie in dieser Zeit alle andere Arbeit ruhen. Schließen Sie Ihr E-Mail-Programm, wenn möglich. Und wenn Ihr Geist umherschweift: Verurteilen Sie sich nicht dafür. Nehmen Sie es einfach nur wahr und bringen Sie ihre Aufmerksamkeit ganz sanft zurück zu Ihrer Planung.

Für viele Menschen hat es sich bewährt, die Weckfunktion ihres Computers oder Ihres Smartphones zu nutzen, indem sie sich im Laufe des Tages mehrere Male „wachrütteln" lassen, um in diesem Moment STOP zu praktizieren. Arbeiten Sie mit dem Bodyscan oder der Sitzmeditation, wenn es Ihnen angenehm ist. Dabei ist der Nutzen umso größer, je bewusster und aufmerksamer Sie die Praxis angehen. Welche Erfahrung Sie auch immer dabei machen oder wie oft auch immer Sie abgelenkt sind: Versuchen Sie, sich nicht dafür zu verurteilen, und kehren Sie einfach zur Übung zurück. Bleiben Sie im Prozess und Sie werden die Früchte ernten.

- Wenn möglich, essen Sie einmal in der Woche ganz allein und in aller Stille. Essen Sie etwas langsamer und stimmen Sie sich wirklich auf den Geschmack des Essens ein.

- Praktizieren Sie während des Tages immer wieder einmal die Atempause, STOP oder GSA. Überprüfen Sie, ob Sie in einem proaktiven, reaktiven, abgelenkten oder nutzlosen Bereich sind. Entscheiden Sie sich dann für das, was am vordringlichsten ist und genau jetzt getan werden muss.

❋ Wenn Sie sich nach der Arbeit zurück zu Ihrem Auto begeben, üben Sie, ähnlich gelassen dorthin zu gehen, wie Sie es am Morgen getan haben. Denken Sie daran, es lohnt sich nicht, nach Hause zu rasen, um sich zu entspannen. Fahren Sie etwas langsamer. Vielleicht reflektieren Sie das, was Sie am Tag eigentlich alles gemacht haben. Was war positiv, was würden Sie gerne besser machen? Sie können sich auch überlegen, wie Sie achtsamer sein können, wenn Sie nach Hause kommen.

❋ Wenn Sie nach Hause kommen und Sie haben eine Familie, nehmen Sie sich eine Atempause, bevor Sie das Haus betreten. Nehmen Sie wahr, ob Ihr Körper angespannt ist, und wenn ja, versuchen Sie, diese Muskeln zu lockern, indem Sie in sie hinein und wieder heraus atmen, voller Achtsamkeit, und erlauben Sie sich, verspannt zu sein, wenn sich die Spannungen nicht ohne weiteres lösen wollen.

Ich möchte Sie dafür beglückwünschen, dass Sie sich für Ihre eigene Gesundheit und Ihr Wohlergehen Zeit genommen haben. Mögen wir alle aus unseren unbewussten Verhaltensmustern ausbrechen, die uns davon abhalten, das zu tun, was am wichtigsten ist. Mögen wir unsere leidvollen Erfahrungen transformieren in Achtsamkeit, Glück und Frieden und mögen wir der Wunder, die in unserem täglichen Leben geschehen, wieder gewahr werden.

Über die Autoren

Elisha Goldstein ist klinischer Psychologe und Mitgründer des Mindfulness Center for Psychotherapy and Psychiatry. Er lehrt MBSR und Mindfulness-Based Cognitive Therapy (MBCT) in West Los Angeles. Er ist Autor der CD-Reihe Mindful Solutions, die Themen wie Stress, Angst, Depression, Sucht, ADHS bei Erwachsenen und Erfolg im Beruf zum Gegenstand hat. In deutscher Sprache ist von ihm das Buch Stressbewältigung durch Achtsamkeit – Das MBSR-Praxisbuch erschienen. Elisha Goldstein ist zudem Autor bekannter Blogs zum Thema „Achtsamkeit und Psychotherapie" (unter http://www.psychcentral.com und http://www. mentalhelp.net), leitet Workshops und ist durch Radiointerviews und Vorträge über den therapeutischen Nutzen von Achtsamkeit bekannt.

Lienhard Valentin ist Gestaltpädagoge, Buchautor und Gründer des Vereins Mit Kindern wachsen e.V. sowie des Arbor Verlags. Er praktiziert seit mehr als 25 Jahren Vipassana-Meditation, unter anderem mit Jack Kornfield und Sharon Salzberg. Mit Jon Kabat-Zinn und dem CFM arbeitet er seit 1996 zusammen und ist hauptverantwortlich für die Organisation der MBSR-Fortbildungen des CFM im deutschsprachigen Raum.

Weiterführende Literatur aus dem Arbor Verlag:

Bob Stahl & Elisha Goldstein

Stressbewältigung durch Achtsamkeit

Das MBSR-Praxisbuch

Stress und Schmerzen sind im täglichen Leben fast unvermeidbar, sie sind Teil unseres menschlichen Seins. Doch Stress führt oftmals dazu, dass wir uns gereizt, angespannt, überwältigt und ausgebrannt fühlen.
Es geht auch anders!
Lernen Sie in Stressbewältigung durch Achtsamkeit, wie Sie ungesunde Gewohnheitsmuster durch achtsame Gewohnheiten ersetzen können – eine Fähigkeit, die Sie ein Leben lang begleiten kann. Der Schlüssel zur Wahrung der Balance liegt darin, auf Belastungen nicht mit Frustration und Selbstkritik zu reagieren, sondern mit einem achtsamen nichturteilenden Gewahrsein unseres Körpers und der Aktivitäten unseres Geistes. Unmöglich? Tatsächlich ist es viel einfacher, als es scheint!

Mit einem Vorwort von Jon Kabat-Zinn

ISBN 978-3-86781-017-3

Kabat-Zinn, Jon und Ulrike Kesper-Grossman

Die heilende Kraft der Achtsamkeit

Stärkung der Gesundheit mit Hilfe einer alten buddhistischen Praxis

Das Meditationsprogramm, das durch den Alltag begleitet.
Die auf den CDs praxisnah und leicht umsetzbar vorbereiteten Meditationen haben bereits vielen Menschen geholfen. Zehntausende von Patienten mit Herzbeschwerden, chronischen Schmerzen, Krebs oder anderen schweren, oft unheilbaren Krankheiten profitieren bereits von der heilenden Kraft der Achtsamkeit.

Halbleinen-Buch mit Doppel-CD, ISBN 978-3-936855-99-9

MBSR: Seminare und Fortbildungen

Wenn Sie sich für MBSR-Seminare bzw. Fortbildungen mit Jon Kabat-Zinn, Saki Santorelli, Ulrike Kesper-Grossman und anderen erfahrenen Referenten zu den Themen Stressbewältigung und Achtsamkeit interessieren, finden Sie allzeit aktuelle Informationen unter:
http://www.mbsr-deutschland.de

Sollten Sie über keinen Internetzugang verfügen, können Sie sich gerne auch direkt an uns wenden:
Arbor Seminare gGmbH, Stühlingerstrasse 21, 79106 Freiburg
Tel. 0761/89 62 91 06, Fax 0761/89 62 91 07, info@arbor-seminare.de

Wichtiger Hinweis

Die Ratschläge zur Selbstbehandlung in diesem Buch sind vom Autor und vom Verlag sorgfältig erwogen und geprüft worden. Dennoch kann eine Garantie nicht übernommen werden. Bei ernsthafteren oder länger anhaltenden Beschwerden sollten Sie auf jeden Fall einen Arzt oder einen Heilpraktiker Ihres Vertrauens zu Rate ziehen. Eine Haftung des Autors oder des Verlages für Personen-, Sach- und Vermögensschäden ist ausgeschlossen.

CD Inhalt

1	*Atempause*	6 min
2	*Lange Atempause*	10 min
3	*Bodyscan*	25 min
4	*GSA*	11 min
5	*Sitzmeditation*	20 min
6	*STOP*	5 min